DON
BOSCO

Gabriele Kubitschek

Die 50 besten
Spiele zur Resilienzförderung

DON BOSCO

MiniSpielothek

**Gerne nehmen wir Ihre Anregungen,
Wünsche, Kritik oder Fragen entgegen:**
Don Bosco Medien GmbH, Sieboldstraße 11, D-81669 München
anregungen@donbosco-medien.de
Servicetelefon: +49(0)89 48008-341

Bibliografische Information der Deutschen Nationalbibliothek

Die Deutsche Nationalbibliothek verzeichnet diese Publikation in der Deutschen Nationalbibliografie; detaillierte bibliografische Daten sind im Internet über http://dnb.d-nb.de abrufbar.

klimaneutral gedruckt
www.klima-druck.de
ID-Nr. 22121835
bvdm.

6. Auflage 2023 / ISBN 978-3-7698-2064-5

www.donbosco-medien.de
Umschlag und Umschlagfoto: Manfred Lehner, Blue Cat Design
Layout: Alexandra Paulus
Produktion: Don Bosco Druck & Design, Ursensollen

Gedruckt auf umweltfreundlichem Papier

Inhalt

09 Spiele zur Selbst- und Fremdwahrnehmung
10 Die Wasserrutsche
11 Ich sehe wen, den du auch siehst
12 Igelchen geht spazieren
14 Alles verzaubert
15 Spiegelbilder
16 Reise zum Mond
17 Vögelchen, piep einmal
18 Zauberer Hinzepitz
19 Schattenfangen
20 Zucker und Salz

21 Spiele, die Mut machen
22 Dosen-Stelzen
24 Steine filzen
25 Mit Murmeln malen
26 Im Gleichgewicht bleiben
27 Die Regenbogenblume
29 Schön, dass du da bist! Ein Geburtstagspiel
31 Dosenwerfen
33 Alles steht still, weil ich es will
35 In den Wolken
36 Reiterkampf

37 Spiele, um Gefühle regulieren zu lernen
38 Gehirnknöpfe einschalten
39 Bunte Seifenblasen
40 Herzenswünsche
41 Was ist mit Bärchen los?
42 Steinzeitmusik
43 Unterm Fallschirm
45 Häschen in der Grube
46 In den Brunnen gefallen
47 Quatschgeschichten
48 Dein Platz, mein Platz

49 Spiele für die Sozialkompetenz
50 Freunde finden
51 Im Tierpark
52 Kissenkuschelspiel
54 Luftballontanz
55 Blaue Socken, rote Strümpfe
56 Stark wie ein Baum
58 Der Ti-Ta-Tiger
60 Der wilde Wind
62 Nein – Ja – Nein
63 Katz und Maus

65 Spiele zur Harmonisierung und Stressbewältigung
66 Synchrones Zeichnen
66 Schuhplattln
67 Ich habe mir weh getan
69 Jonglierbälle
70 Füße wecken
71 Der Ene-Zwele-Drelefant
72 Wie ein Schmetterling
73 Die Eisenbahn
75 Handmassage
76 Töne spüren

Mit einer Kindheit voll Liebe kann man ein halbes Leben hindurch die kalte Welt aushalten.

Jean Paul

Spiele zur Selbst- und Fremdwahrnehmung

Die Wasserrutsche

Dieses Spiel ist für die warme Jahreszeit im Garten gedacht. Die Spielleitung legt gemeinsam mit den Kindern die Wasserrutschfolie flach im Gras aus. Nachdem die Folie ausgebreitet ist, wird viel Wasser darauf gespritzt (am besten aus dem Wasserschlauch). Um das ganze noch rutschiger zu machen, kann zusätzlich Duschgel dazugegeben werden.
Jedes Kind darf nun einzeln auf der „Wasserrutsche" starten. Mit einem kleinen Anlauf wird auf der nassen Folie entlang gerutscht und geglitten, immer mitten hinein ins kühle Nass, auf beiden Füßen, Bauch oder Po. Sobald ein Kind am Ende angekommen ist, macht es die Bahn für das nächste frei und wird mit einem Applaus für seinen Mut belohnt.
Will ein Kind lieber erstmal nur zusehen, ist das in Ordnung. Der Spaß der anderen ist die beste Motivation, um eigene Hemmschwellen zu überwinden.

Material

Wasserrutschfolie (oder feste Folie), evtl. ein pH-neutrales Duschgel, viel Wasser, um die Folie immer wieder nass zu halten, Sonnenschutz

Ich sehe wen, den du auch siehst

Alle Kinder sitzen auf dem Boden oder im Stuhlkreis. Die Spielleitung wählt mit einem Abzählreim das Kind aus, das beginnen darf. Dieses sagt dann den Spruch: „Ich sehe wen, den du auch siehst, und der hat ... (heute etwas Rotes an, blonde Haare, mag gerne Schokoladeneis usw.). Wer aus der Gruppe das gesuchte Kind errät, ist der Nächste.

➳ Diese Variation des bekannten Spieles: „Ich sehe was, was du nicht siehst“ unterstützt die Kinder darin, die anderen in der Gruppe bewusster wahrzunehmen.

Igelchen geht spazieren

Alle Kinder stehen im Kreis. Die Spielleitung teilt die Kinder in zwei Gruppen, indem sie z. B. mit 1 - 2 abzählt. Die Kinder mit der Zahl 2 stellen sich hinter das Kind rechts neben sich mit der Zahl 1. Alle „Zweier“ erhalten einen Tennisball, der sich mit: „Simsalabim“ in einen kleinen Igel verwandelt. Das Igelchen beginnt nun auf dem Rücken des vorderen Kindes zu folgendem Text mal hin und her, mal rauf und wieder runter und rundherum zu wandern.

Igelchen geht spazieren,
Igelchen geht spazieren,
wandert hin und wandert her.
Regenwürmer mag ich sehr,
mmh!

Die „Zweier“ sprechen den Spieltext mit. Alle „Einser“ spüren nach, wie sich die Bewegungen des Igelchens anfühlen. Nach ein bis zwei Spieldurchgängen wechseln die Kinder ihre Positionen.

Material

je ein Tennisball oder Igelball für zwei Kinder

➤ Die Igelmassage stärkt die Selbstwahrnehmung und das Einfühlungsvermögen; sie entspannt und beruhigt. Der Vers hilft den Wechsel zu akzeptieren.

Alles verzaubert

Die Spielleitung hat einen Zauberstab, mit dem sie die Bewegungen der Kinder von ganz langsam bis ganz schnell verzaubern kann. Abrakadabra bedeutet: langsamer werden und Simsalabim bedeutet: sich schneller bewegen. Jetzt dürfen sich die Kinder entscheiden, als welches Tier oder Wesen sie unterwegs sein möchten und bewegen sich dann entsprechend durch den Raum.
Die Spielleitung steht mit dem Zauberstab am Rand und beginnt ihn zu schwingen und dazu das Zauberwort zu sagen. Nach einigen Tempowechseln werden die Kinder immer langsamer und zum Schluss schlafen sie im Stand ein: „Chr-Chr-Chr!“ Bei der Erzählrunde zum Abschluss tauschen sich alle darüber aus, bei welcher Geschwindigkeit sie sich heute am wohlsten gefühlt haben.

Material

einen (symbolischen) Zauberstab

Spiegelbilder

Jeweils zwei Kinder stehen sich gegenüber. Das eine spielt den „Spiegel“, es macht alle Bewegungen seines Gegenübers mit. Das andere spielt ein Kind, das sich morgens wäscht, die Haare kämmt, seine Zähne putzt etc. Während des Spiels darf nicht gesprochen werden.
Nachdem die Rollen klar sind, gibt die Spielleitung mit einem Instrument das Zeichen zum Start. Auf ein zweites Zeichen hin werden die Rollen gewechselt. Wenn jedes Kind beide Rollen gespielt hat, setzen sich alle auf dem Boden zusammen um zu erzählen was sie dabei gerade erlebt haben.

➳ Bei diesem Spiel lernen die Kinder, den anderen genauer zu beobachten und wahrzunehmen.

Reise zum Mond

Alle Mitspieler stellen sich vor, dass sie gerade mit ihrer Rakete auf dem Mond gelandet sind. Hier ist alles viel, viel langsamer! Die Spielleitung führt sie mit einer kurzen Geschichte, je nachdem was thematisch aktuell für ihre Gruppe passt, durch das Abenteuer. Wegen der dicken Raumanzüge können sich die Kinder untereinander dabei nur mit Mimik, Gestik und Bewegungen verständigen. Wieder auf der Erde zurück berichten sie über ihre Erfahrungen und Erlebnisse.

Beispiel

Auf dem Mond angekommen, steigen alle Astronauten aus. Sie erforschen den Planeten, entdecken auf einem Mondberg ein wildes Ungeheuer, das gerade schläft, sie finden bunte Mondsteine in einer Höhle und kehren dann wieder zur Erde zurück.

➳ Die Verlangsamung der Bewegungen hilft, sich selbst und die anderen intensiver wahrzunehmen.

Vögelchen, piep einmal

Alle Kinder sitzen im Stuhlkreis, ein Kind in der Mitte des Kreises. Ihm verbindet die Spielleitung die Augen. Alle Kinder sind mäuschenstill. Die Spielleitung deutet auf ein Kind, das nun in die Mitte geht und sich dem anderen zu Füßen setzt. Das Kind auf dem Stuhl sagt: „Vögelchen, piep einmal". Daraufhin antwortet das andere zwei bis dreimal mit: „Piep, Piep, Piep!". Das Kind mit den verbundenen Augen soll nun dessen Namen erraten. Gelingt es ihm, wird das „Vögelchen" zum Ratenden und nimmt den Platz in der Mitte ein. Erkennt es die Stimme nicht, darf es beim nächsten Vögelchen sein Glück nochmals versuchen.

Material

eine Augenbinde

➺ Die Kinder üben durch dieses Spiel, auf die Stimme des anderen zu hören und sie wiederzuerkennen.

Zauberer Hinzepitz

Alle Kinder stehen in Sichtweite frei verteilt im Raum oder Garten. Die Spielleitung ernennt ein Kind zum Zauberer. Jetzt dürfen alle Kinder zu laufen beginnen. Doch sobald eines vom Zauberer mit der Hand leicht berührt, also „abgeschlagen“ wird, ist es zu Eis verzaubert und darf sich bis zum Spielschluss nicht mehr bewegen. Wer als Letzter verzaubert wird, ist der neue Zauberer. Er befreit als erstes alle mit dem Spruch: „Spinnenbein und Haselnuss!“ und das Spiel beginnt von neuem.

Schattenfangen

Nachdem die Spielleitung allen Kindern ihren „Schatten" in Form eines Papierstreifens locker um die Taille gebunden hat, wird der erste Fänger ausgezählt. Die Jagd beginnt mit einem Gongschlag. Die Kinder laufen durch den Raum und der Fänger versucht den Schatten eines Kindes zu erwischen, indem er darauf tritt. Die Hände dürfen nicht benutzt werden. Das gefangene Kind wird nun zum neuen Fänger und versucht seinerseits wieder einen Schatten zu erwischen. Da die Kreppstreifen sofort abreißen, wenn der Fänger darauf steigt, hat jedes Kind, das schon einmal der Fänger war, keinen Schatten mehr und kann nicht mehr gefangen werden. Es darf aber weiter mitlaufen. Das letzte Kind, das gefangen wird, entscheidet, ob sie zur Entspannung eine kleine Geschichte hören möchten oder das Spiel nochmal von vorne startet.

Material

schmale, ca. 2-4 cm breite Krepppapierstreifen, die um die Taille der Kinder gebunden werden und bis gut zum Boden reichen, Gong

Zucker und Salz

Ein Kind ist der Spielführer und steht fest an einem Platz mit dem Rücken zu den anderen. Die restlichen Kinder starten zehn Schritte hinter ihm. Der Spielführer hält sich die Augen zu und sagt den Spruch: „Zucker und Salz“. Bei „Zucker und“ dürfen sich die Kinder rasch ein, zwei Schritte nach vorne in Richtung Spielführer bewegen. Doch sobald der Spruch mit „Salz“ zu Ende geht, wendet sich der Spielführer rasch um, nimmt die Hände von den Augen und versucht die Kinder, die noch in Bewegung sind, dabei zu erwischen. Die Kinder, deren Namen er aufruft, müssen dann wieder zum Ausgangspunkt zurück. Wer zuerst den Spielführer berühren kann, ist der nächste Spielführer und alles beginnt von vorne.

➳ Dieses Spiel ist auch als „Ochs am Berg“ bekannt und braucht von den Mitspielern Beobachtungsgabe und Einfühlungsvermögen sowie Frustrationstoleranz.

Spiele, die Mut machen

Dosen-Stelzen

Die Kinder suchen sich einen Spielpartner aus. Eines erhält zwei Dosenstelzen, das andere ist das Partnerkind. Das „Stelzenkind" nimmt die Schnüre jeweils straff in die Hände, stellt den einen Fuß auf eine umgedrehte Dose und den zweiten Fuß auf die andere und beginnt so zu gehen. Das Partnerkind begleitet und stützt es bei Bedarf. Optimal reichen die Schüre je bis zur Taille. Ein akustisches Signal ist das Zeichen zum Wechseln. Abschließend erzählen die Kinder, was ihnen Spaß gemacht hat und ob etwas schwierig für sie war.

Material

ein Paar Dosenstelzen pro Kinderpaar. Falls keine fertigen in der Einrichtung vorhanden sind, können sie auch leicht selbst gebaut werden aus stabilen, gleich-großen Dosen. Diese werden umgedreht, mit Hilfe von Nagel und Hammer seitlich direkt unterhalb des Dosenbodens mit je einem Loch versehen. Von unten her wird ein dicker Bindfaden befestigt und verknotet.

➾ Die Partnersituation schenkt zwei Erfahrungen: Einmal, Verantwortung zu übernehmen und zum Zweiten das beruhigende Gefühl, Hilfe zu bekommen wenn man sie braucht.

Steine filzen

Die Kinder sitzen rund um den Tisch und jedes sucht sich seinen Muggelstein aus. Vor ihnen steht eine mit lauwarmem Wasser gefüllte Schüssel und etwas Spülmittel bereit. Der Stein wird zuerst betrachtet und befühlt, dann mit Filzwolle straff umhüllt und nun tief in die Seifenlauge getaucht. Beide Hände rubbeln, reiben und wischen nun gemeinsam über die Wolle bis sie sich fest verfilzt hat. Gleichzeitig spüren und experimentieren sie mit der Seifenlauge und der Wolle zwischen ihren Fingern. Anschließend waschen die Kinder die umfilzten Steine im sauberen Wasser aus und legen sie zum Trocknen auf die Fensterbank.

Material

je Kind einen großen Muggelstein, eine Plastikschüssel mit handwarmem Wasser, einen guten Schuss Spülmittel, bunte Filzwolle, eine große Schüssel mit sauberem Wasser

➳ Filzen macht nicht nur Spaß, es berührt die Kinder auch auf einer tiefen emotionalen Ebene.

Mit Murmeln malen

Die Spielleitung weist die Kinder an, ihr Malblatt in den Schuhkarton zu legen. Jedes Kind entscheidet nun für sich, wohin es seine Farbkleckse mit dem Pinsel geben möchte und wie viele. Wichtig ist, die Farben nicht zu dicht nebeneinander zu setzen. Nun kommen in jeden Karton drei bis vier Murmeln und die Kinder lassen sie kreuz und quer durch den Karton rollern. So entstehen wahre Kunstwerke, die z. B. in ein Passepartout eingepasst werden können.

Material

einen Schuhkarton je Kind und 3-4 Murmeln, mehrere Malpapiere in der Größe des Schuhkartonbodens, nicht zu feste Wasser- oder Acrylfarben, Pinsel

➻ Der synchrone Einsatz beider Hände stärkt die Verknüpfung beider Gehirnhälften, das Gleichgewicht sowie das Selbstvertrauen.

Im Gleichgewicht bleiben

Kinder lieben es, sich frei in der Natur zu bewegen, doch diese Freiheit ist für viele heute nicht mehr selbstverständlich. Mit kleinen Hilfsmitteln lässt sich dafür etwas Ausgleich schaffen. Verteilen Sie dafür Holzstämme in verschiedenen Längen und Dicken im Garten. Jedes Kind kann frei die Bewegungsmöglichkeiten darauf erforschen und so sein Gleichgewicht trainieren. Bieten Sie als Spielleitung Ihre helfende Hand bei den ersten Versuchen an und regen Sie die Kinder an, sich gegenseitig ähnlich zu unterstützen.

Material

Holzstämme in unterschiedlicher Länge und Dicke, auch halbierte Stämme

➳ Balancieren schult Gleichgewicht und körperliche Geschicklichkeit ebenso wie den Mut, sich einem Wagnis zu stellen und somit letztlich das Vertrauen in sich selbst.

Die Regenbogenblume

Alle Kinder sitzen im Kreis auf dem Boden. In der Mitte vor ihnen liegt ein großes Blatt Papier. Die Spielleitung beginnt von der kleinen Regenbogenblume zu erzählen, die in einem großen Garten mitten in der Stadt lebt. Sie liebt die Sonne und den Regen, nur den Wind, den mag sie gar nicht. Denn immer wenn er den Garten besucht, bläst und bläst er - bis die kleine Blume von einer Seite des Gartens zur anderen kullert. Während die Spielleitung von der kleinen Blume erzählt, beginnt sie auf das vor ihr liegende Blatt die Umrisse einer Blume zu zeichnen. Mit einer Blüte, dem Stängel und zwei großen Blättern an der Seite. Doch was fehlt noch? Die Spielleitung befragt die Kinder. Wenn sie genau hinschauen entdecken sie, dass es die Wurzeln sind, die der Regenbogenblume fehlen!

Die Kinder nehmen nacheinander einen Stift und malen je eine Wurzel für die Blume. Anschließend malen alle Kinder gemeinsam die Blume regenbogenbunt aus und was der Geschichte nach sonst noch auf das Bild gehören könnte.

Variation

Wenn die Gruppe zu groß ist, kann jedes Kind seine eigene Regenbogenblume malen. Anschließend erzählt jedes, wie sich die Blume jetzt mit Wurzeln fühlt und, was wohl geschehen wird, wenn der Wind das nächste Mal in den Garten kommt.

Material

Sitzkissen, helles Packpapier, Klebestreifen zum Befestigen des Blattes, dicke Wachsmalkreiden oder Buntstifte.

Schön, dass du da bist! Ein Geburtstagspiel

Alle sitzen im Stuhlkreis, das Geburtstagskind in der Mitte. Die Spielleitung hat einen kleinen Korb mit Freundschaftssymbolen. Zunächst begrüßt sie das Geburtstagskind: „Liebe/r ..., wir freuen uns sehr, dass du bei uns bist. Zu deinem Geburtstag heute schenken wir dir alle eine kleine Überraschung."

Das Kind links von der Spielleitung beginnt, es wählt ein Freundschaftssymbol aus, geht zum Geburtstagskind, schenkt ihm das Symbol und sagt dazu: „Ich mag dich ... (Name des Kindes), weil du ... (z. B. immer so freundlich bist, so gut bauen kannst). Die gesammelten Geschenke legt das Geburtstagskind entweder in ein kleines Säckchen, in eine Schatzkiste oder klebt es rund um ein Foto von sich selbst auf.

Zum Abschluss stehen alle Kinder auf und singen gemeinsam das Lied:

Hallo, hallo, schön, dass du da bist

Refrain:

Hallo, hallo, schön, dass du da bist.
Hallo, hallo, wir freuen uns so sehr.

1. Strophe:

Die Hacken und die Spitzen, die können nicht mehr sitzen.
Die Fersen und die Zehen, die wollen weitergehen.

Refrain

Geburtstagsstrophe:

Die Großen und die Kleinen, die wolln heut mit dir feiern.
Wir reichen dir die Hände und rufen laut Hurra!

Refrain

Am Ende klatschen alle ausgiebig für das Geburtstagskind.

Material

Geschenke wie kleine Sternchen, Herzen zum Aufkleben, Muggelsteine etc.

Dosenwerfen

Die Kinder stellen gemeinsam die Dosen in Form einer Pyramide auf einem Tisch auf. Im Abstand von ca. 2-2,5 m zum Tisch legt die Spielleitung ein Seil als Standmarkierung hin. Mit einem Reim wird ausgezählt, wer beginnt. Das jeweilige Kind stellt sich hinter die Markierung, konzentriert sich kurz auf das Ziel und wirft. Jedes hat drei Würfe. Nach jedem Wurf bekommt es als Anerkennung einen kleinen Tupfer Farbe ins Gesicht. Erst auf die Stirn, dann auf die eine Wange und zuletzt auf die zweite. Mit dem dritten Tupfer entscheidet es, wer aus der Gruppe als nächstes dran ist. Jedes Kind kommt ein Mal dran.

Material

10-12 gleich große buntbemalte Blechdosen (wichtig: die Dosenränder dürfen nicht scharf sein), Tennisbälle, Kinderschminke oder Creme

Hinweis

Je jünger die Kinder sind, desto größer sollte der Ball sein und desto geringer der Abstand zur Dosenpyramide. Ältere Kinder können auch üben, sich selbst einzuschätzen: Aus welchem Abstand kann ich die Pyramide noch treffen?

Alles steht still, weil ich es will

Die Kinder stehen frei verteilt im Raum. Die Spielleitung erzählt, dass nun alle Kinder - 1,2,3- zu Autos werden und ein Kind die Ampel. Immer wenn die Ampel „grün“ sagt, dürfen die Autos fahren, sobald sie „rot“ befiehlt, müssen sie stehen bleiben.
Die Spielleitung stellt für alle gut sichtbar eine Eieruhr auf ca. 2-3 Minuten ein und wählt mit geschlossenen Augen das erste Ampel-Kind aus. Es startet nach freier Wahl entweder mit dem Befehl rot oder grün an alle „Autos“ und kann frei nach Belieben die anderen fahren lassen oder stoppen. Wenn die Uhr schellt, ist Wechsel angesagt und die „Ampel“ bestimmt welches Kind jetzt die Rolle übernehmen darf.

Material

Eieruhr

➳ Die Erfahrung, etwas beeinflussen zu können, hilft Vertrauen in die Selbstwirksamkeit aufzubauen. Durch die Zeitlimitierung erfahren die Kinder beide Rollen.

Wichtig: darauf achten, dass auch die stillen und unauffälligen Kinder die führende Rolle übernehmen.

In den Wolken

Alle Kinder stehen im Kreis und halten ein Stückchen vom „Wolkentuch“. Auf ein Zeichen der Spielleitung hin beginnen sie gemeinsam das Tuch auf und ab zu bewegen. Erst ganz sachte, dann stürmischer und dann wieder sachte. Die Spielleitung wirft einen Luftballon in die Mitte des Tuchs, auch einen zweiten und dritten, je nach Kindergruppe. Die gemeinsame Aufgabe ist es, die Luftballons im Wolkentuch auf und ab und hin und her zu schaukeln, ohne dass einer aus dem Tuch hinausfällt. In der Abschlussrunde hat jedes Kind Gelegenheit von seinen Erfahrungen zu erzählen.

Material

großes Schwungtuch, aufgeblasene Luftballons

Variation

Wenn nach dem ersten Durchgang jedes Zweite das Wolkentuch loslässt, erkennen die restlichen Kinder, wie viel schwieriger es ist, jetzt noch alle Bälle im Tuch zu halten. Gemeinschaft macht stark!

Reiterkampf

Die Kinder verschränken ihre Arme und hüpfen auf einem Bein durch den Raum. Auf ein Zeichen der Spielleitung hin wählen sie sich einen „Kampfpartner" aus. Sie nähern sich einander hüpfend und rempeln sich dann an. Ziel ist es, den anderen aus seinem Gleichgewicht zu bringen, so dass er sein gehobenes Bein kurzzeitig auf den Boden stellen muss. Anschließend hüpft jeder wieder frei durch den Raum bis die Spielleitung das Zeichen gibt, sich einen neuen Gegner zu suchen. Zur Abschlussrunde setzen sich alle zusammen, erzählen von ihren „Kampferfahrungen" und möglichen Schlussfolgerungen daraus.

Hinweis

Vor allem die älteren Jungen lieben dieses Spiel sehr. Wichtig ist, die Spielregel gleich zu Beginn des Spieles klar einzuführen: Niemand darf verletzt werden!

⋙ Das Hüpfen auf einem Bein fördert die Entwicklung des Gleichgewichts und ist zugleich eine Schutzmaßnahme, damit kein Spieler zu stürmisch wird.

Spiele, um Gefühle regulieren zu lernen

Gehirnknöpfe einschalten

Alle Kinder sowie die Spielleitung sitzen auf dem Boden. Die Spielleitung stellt die Frage: Wie fühlt sich dein Herz/Körper gerade? Müde, lustig, traurig? Dann legen die Kinder eine Hand auf den Bauchnabel und mit den Fingerspitzen der zweiten Hand massieren sie ganz sachte die beiden weichen Stellen seitlich rechts und links neben ihrem Brustbein, gleich unter dem Schlüsselbein. Anschließend wechseln die Kinder die Position ihrer Hände und beginnen nochmals von vorne.
Abschlussrunde: Wie fühlt sich dein Körper jetzt?

➳ Diese kinesiologische Übung hilft den Kindern, sich selbst wieder besser zu spüren und gut zu fühlen. Wichtig ist, dass es im Raum ruhig ist und es genügend Zeit zum Nachspüren und darüber Sprechen gibt. So wird die Selbstreflexion als Basis für Veränderungen gestärkt.

Bunte Seifenblasen

Seifenblasen sind nicht nur märchenhaft schön und faszinierend, sondern regen auch an, mit dem Material zu experimentieren. Es gilt den Moment zu nutzen und dabei konzentriert und achtsam zu sein. Ganz im Hier und Jetzt sein – und loslassen können!
Die Kinder tauchen den Pustering in die Seifenlauge, ziehen ihn wieder heraus und blasen dann gleichmäßig auf die Haut in der Öffnung des Ringes, bis sich eine schillernde Seifenblase löst und davon fliegt.

Material

3 EL Spülmittel mit 1 Liter Wasser in einer flachen Schüssel vorsichtig verrührt (Achtung, nicht zu kräftig rühren, sonst lässt sich der Schaum nicht gut blasen!), ummantelter Draht, zu einem Pustering geformt

Herzenswünsche

Was wünschen sich die Kinder von Herzen? Um diese Frage zu erforschen, sitzen alle auf dem Boden. Die Spielleitung beginnt zu erzählen, dass man für wahre Herzenswünsche meist kein Geld braucht. Man erkennt sie, indem man beide Hände auf sein Herz legt und in sein Herz hineinfühlt. Die Kinder und die Spielleitung legen nun ihre Hände aufs Herz. Nach einer Zeit der Stille kann jeder, der möchte, seinen Herzenswunsch den anderen erzählen, z. B.: „Ich wünsche mir dass der Papa einmal nur für mich Zeit hat. – Ich will einen Baum streicheln. – Ich wünsche mir einen Bruder, mit dem ich Fußballspielen kann …"
Anschließend setzen sich alle an die Maltische und nehmen sich Papier und Stifte, um ein großes Herz darauf zu zeichnen und mitten hinein ihren Herzenswunsch. Alle Herzensbilder können mit dem Wunsch beschriftet werden und später z. B. zu einer Collage zusammengefügt werden.

Material

pro Kind ein weißes mittelfestes Tonpapier (ca. 30x30 cm), Filzstifte

Was ist mit Bärchen los?

Vorbereitung: Die Spielleitung zeichnet drei schematische Bärchengesichter auf. Wichtigstes Erkennungsmerkmal der unterschiedlichen Gefühle ist die jeweilige Mundstellung im Bärchengesicht. Ein Mund lacht (Freude), bei einem Mund sind die Mundwinkeln weit nach unten gezogen (Trauer) und auf einem Bild ist der Mund ganz gerade (Wut).

Die Kinder sitzen im Kreis und die Spielleitung erzählt, dass sie die Geschichte zu den Bildern leider vergessen hat. Nur noch die drei Bärchenbilder sind übrig und sie bittet die Kinder, mit ihr gemeinsam eine neue Geschichte dazu zu erfinden. Dafür werden erst die drei Bärchengesichter mit den Kindern besprochen: „Was fühlt dieses Bärchen, und was das andere?“ Anschließend wird die Geschichte erfunden.

Material

festes weißes Tonpapier für die Gesichter, ca. 20x20 cm

Steinzeitmusik

Kinder lieben es Steine zu sammeln. Beim nächsten Besuch am Flussufer oder im Wald werden unterschiedlich große Steine gesammelt. Dieser Steinschatz wird später zu einem Rhythmus- und Klangorchester umfunktioniert. Dafür werden die Steine mit Wasser und Bürste gesäubert und eventuell auch mit Acrylfarben bemalt.
Jedes Orchestermitglied erhält zwei Steine als Instrumente. Im Kreis wird entschieden, mit welchem Kinderlied gestartet wird. Die Spielleitung summt das Lied und beginnt rhythmisch ihre Steine aneinander zu klopfen. Nach und nach singen alle das Lied mit und steigen auch in die Rhythmusbegleitung ein.

Material

gesäuberte Natursteine, evtl. Acrylfarben

Unterm Fallschirm

Alle Kinder sind rund um den „Fallschirm" versammelt und halten ihn mit beiden Händen fest. Sie bewegen ihn einige Male wellenartig hoch nach oben und wieder runter. Nun nennt die Spielleitung den Namen eines Kindes. Dieses lässt das Tuch los und schlüpft schnell wie der Wind darunter und in die Mitte des Kreises, um die Auf- und Abwärtsbewegungen des Tuchs zu genießen. Sobald die Spielleitung den nächsten Namen nennt, geht es an dessen Platz zurück in die Runde und nimmt das Tuch wieder in die Hände. In der Abschlussrunde wird besprochen, wie sie sich dabei gefühlt haben.

Material

ein rundes Tuch (ca. 4x4 m) aus leichter Futterseide

Hinweis

Dieses Spiel braucht Mut und manchmal auch viel Selbstüberwindung, gerade für jüngere oder ängstliche Kinder. Deshalb bitte keines dazu drängen. Als Hilfestellung kann Folgendes dienen: Die Hälfte der Kinder legt oder setzt sich auf den Boden unter dem Fallschirm, die andere Hälfte hält das Tuch in den Händen und bewegt es auf und ab. Nach einer Zeit wird der Platz getauscht.

Häschen in der Grube

Die Kinder sitzen im Stuhlkreis und eines sitzt als „Häschen“ in der Mitte. Um es herum singen alle etwas schleppend den ersten Teil des Textes. Die Spielleitung gibt einem Kind ein Handzeichen, dieses steht auf, um das Häschen zu streicheln und zu trösten. Beim zweiten Teil des Liedes geht das tröstende Kind zu seinem Stuhl zurück und das Häschen beginnt lustig im Kreis zu hüpfen. Nach einer Hüpfrunde kehrt es zu seinem Stuhl im Kreis zurück, und das nächste Kind hüpft in die Häschengrube.

Häschen in der Grube
saß und schlief, saß und schlief.
Armes Häschen bist du krank,
dass du nicht mehr hüpfen kannst?

Häschen hüpf, Häschen hüpf, Häschen hüpf!

In den Brunnen gefallen

Alle Kinder sitzen im Kreis auf dem Boden, eines plumpst symbolisch in den Brunnen. Dann ruft es: "Hilfe, ich bin in den Brunnen gefallen!" Die Gruppe antwortet: „Und wer soll dich retten?" Das Kind im Brunnen nennt eine Aktion oder Eigenschaft, z. B. „Wer am besten Naseputzen kann." Jedes Kind im Kreis erfüllt nun bestmöglich die gestellte Aufgabe und das Kind im Brunnen entscheidet, welches seiner Meinung nach die Aufgabe am besten gelöst hat und nennt dessen Namen. Der „Retter" zieht das Kind aus dem Brunnen. Anschließend ist der „Retter" nun derjenige, der in den Brunnen fällt und das Spiel beginnt aufs Neue.

Hinweis

Warten müssen und lange nicht gewählt zu werden ist frustrierend. Doch die Gewissheit, im Spiel sicherlich dran zu kommen, hilft diese Frustration zu überwinden. Eine symbolische Erfahrung, die die Kinder in andere Lebensbereiche übertragen können.

Quatschgeschichten

Alle sitzen gemütlich im Kreis auf dem Boden. Die Spielleitung mischt die Memokarten, dann wählen die Kinder fünf Karten aus, ohne sie umzudrehen. Die Spielleitung deckt die erste Karte auf (z. B. Elefant) und beginnt eine Fantasiegeschichte mit den gezogenen Figuren zu erzählen. Beispiel: „Es war einmal ein blau getupfter Elefant, der tief unten im Meer lebte.“ Anschließend dreht sie die nächste Karte (z. B. Drache) um: „Am liebsten fraß er Drachen zum Frühstück ...“ usw. Immer wenn die Spielleitung den Kindern versucht „Quatsch“ zu erzählen, rufen die Kinder: „Quatsch!“ und dürfen den Teil der Geschichte auf ihre Weise richtig stellen. So entwickeln alle gemeinsam eine Geschichte zwischen Fantasie und Realitätssinn.

Material

Memokarten, Sitzkissen

➵ Dieses Spiel regt einerseits die Fantasie und Freude an der Sprache an, andererseits stärkt es den Mut der Kinder „Quatschgeschichten“ auch als solche zu entlarven.

Dein Platz, mein Platz

Alle Kinder stehen oder sitzen in einem nicht zu kleinen Kreis. Ein Kind ist der Fänger und geht auf seiner Suche nach einem freien Platz im Uhrzeigersinn außen um den Kreis herum. Findet er einen Platz, den er haben möchte, tippt er dem Kind im Kreis auf die Schulter. Beide laufen nun in entgegengesetzter Richtung außen um den Kreis herum. Wer als Erster von den beiden den freien Platz wieder erreicht, darf ihn besetzen. Der andere wird jetzt zum neuen Fänger.

Hinweis

Vereinbaren Sie mit den Kindern eine Verkehrsregel, um Zusammenstöße auf der Kreisbahn zu verhindern. Verlieren ist nicht leicht, doch niemand darf geschubst oder behindert werden, nur um selbst zu gewinnen.

Spiele für die Sozialkompetenz

Freunde finden

Bei diesem Spiel geht es darum, aufeinander zuzugehen und kommunikativ auf andere zu reagieren.
Jedes Kind zieht eine Symbolkarte und hält sie so, dass niemand sieht was drauf ist. Mindestens vier Kinder bekommen jeweils eine Karte mit demselben Motiv. Die Kinder haben nun die Aufgabe ihre „Freunde" mit demselben Symbol zu finden und zwar nur durch Fragen, wie z. B.: „Hast du auch ein Eis?"
Die Spielleitung gibt das Zeichen zum Beginn und alle starten gleichzeitig. Doch es darf immer nur ein Kind gleichzeitig gefragt werden. Das Gegenüber antwortet mit ja oder nein. Haben sich die Kleingruppen gefunden, gibt's eine kurze Erzählrunde über die gemachten Erfahrungen.

Material

verschiedene Symbolkarten in jeweils vier- bis fünffacher Ausfertigung

Im Tierpark

Alle Kinder sitzen auf dem Boden oder im Stuhlkreis. Die Spielleitung hält ein Knäuel Wolle in den Händen und sagt z. B.: „Ich mag Löwen, weil sie so stark sind.“ Anschließend wirft sie die Wolle einem Kind zu, hält aber selbst das Ende fest. Das Kind fängt das Wollknäuel auf und sagt z. B.: „Ich mag Tiger, weil sie so mutig sind“, hält wiederum den Wollfaden fest und wirft das Knäuel zum nächsten Kind. Wenn alle in der Gruppe dran waren, wird das entstandene Netz als Symbol für die Gemeinschaft der Kindergruppe behutsam in einen Korb in der Mitte abgelegt. Anschließend kommen die „Tiere“ zusammen und spielen gemeinsam Tierpark.

Material

ein Knäuel Wolle, ein größerer Korb

➳ Kinder identifizieren sich gerne mit Tieren und deren Stärken. Das Spiel bietet gerade zur Eingewöhnungsphase die Möglichkeit, etwas von sich selbst zu erzählen und gleichzeitig die anderen kennenzulernen.

Kissenkuschelspiel

So viele Kissen wie Kinder mitspielen, werden zu einem Kreis gelegt. Sobald die lustige „Katzenmusik“ startet, schleichen die Kinder auf allen Vieren wie Katzen um die Kissen herum. Endet die Musik, sucht sich jedes Kind rasch ein Kissen und setzt sich darauf. Sobald die Musik wieder startet, nimmt die Spielleitung ein bis zwei Kissen zur Seite. In den nächsten Runden soll nun aber nicht gedrängelt werden, um ein freies Kissen zu ergattern. Wer Gefahr läuft, kein freies Kissen mehr zu finden, dem helfen die anderen und teilen ihres mit ihm. Mit der Zeit kuscheln sich so immer mehr „Katzenkinder“ zusammen und zuletzt „sitzen“ alle auf und um ein einziges Kissen. Zum Abschluss bietet sich eine entspannende Katzengeschichte an oder eine kurze Reflexionsrunde.

Variation

Die Kinder stellen Bären, Tiger etc. dar.

Material

so viele Kissen wie Kinder, Musik und Abspielgerät

Luftballontanz

Jeweils zwei Kinder stehen Rücken an Rücken beieinander und geben sich die Hände. Die Spielleitung legt einen aufgeblasenen Luftballon zwischen beide Kinder in Höhe der Schulterblätter. Auf ein akustisches Signal hin beginnen sich die Kinder gemeinsam zu bewegen. Doch Vorsicht, der Luftballon soll nicht auf den Boden fallen! Fällt er trotzdem, sammeln ihn die Kinder wieder ein, legen ihn zurück zwischen ihre Rücken und der Luftballontanz beginnt aufs Neue. Dazu kann auch lustige oder meditative Musik eingesetzt werden.

Material

Luftballone, Xylophon/Glocke, evtl. Musik und Abspielgerät

⋙→ Der Luftballontanz stärkt die Fähigkeit zur Kooperation und schult das Körperbewusstsein.

Blaue Socken, rote Strümpfe

Die Spielleitung markiert vorab mit einem Klebestreifen das innere Spielfeld. Alle Kinder gehen frei im Raum umher, ohne dabei das markierte Spielfeld zu betreten oder einander zu berühren. Erst wenn die Spielleitung ein beliebiges äußeres Merkmal laut nennt, z. B. rote Strümpfe, sausen alle Kinder mit roten Strümpfen in das innere Feld. Bevor sie wieder ins äußere Feld zurückkehren, wählen sie den nächsten Spielführer aus. Und das Spiel beginnt von Neuem.

Hinweis

Nur positive oder neutrale Merkmale nennen. Jedes Kind sollte pro Spiel nur einmal der Spielführer sein.

Stark wie ein Baum

Alle Kinder stehen im Kreis. Die Spielleitung beginnt mit der Frage: „Was meint ihr, was gehört zu einem Baum?“ Jedes Kind nennt seine Ideen und Beobachtungen und anschließend spielen sie selbst in verschiedenen Variationen, wie es ist ein Baum zu sein. Die Stimme der Spielleitung führt die Kinder Schritt für Schritt dahin, als Baum mal groß, mal klein, mal mit hängenden Ästen, mal hoch aufgerichtet zu sein. Dann bittet sie die Kinder, still und für sich selbst zu spüren, wie es sich anfühlt, wenn die Wurzeln immer tiefer in die Erde wachsen, der Stamm immer stärker wird, die Äste immer weiter in den Himmel ragen und er viele wunderschöne Blätter und süße Früchte trägt.
Nachdem die Kinder sich wie ein Baum gefühlt haben, wählt sich jedes einen Partner aus. Ein Kind legt sich auf eines der vorbereiteten Papierblätter und wird so nochmals zu einem Baum. Sobald es seine Lieblingsposition gefunden hat, zeichnet der Partner die Umrisse des Baumkindes mit einem dicken Stift nach. Anschließend wird auch der Umriss des Partners auf ein Papier gezeichnet. Sobald beide Partner „ihren Baumumriss“ haben, gestalten sie ihn mit einem in Streifen geschnittenen dicken Abspülschwamm und mit Wasser verdünnten Acrylfarben frei in Stempel- oder

Wischtechnik. Wer mag kann, soweit Material vorhanden ist, zum Abschluss echte, getrocknete Blätter an seine Äste kleben. Zum Schluss werden alle Bilder der „Baumkinder“ an der Wand aufgehängt: Wer ist wohl welcher Baum und warum?

Material

Packpapier (die Blattgröße richtet sich nach der Körpergröße der Kinder, doch meist reichen ca. 120 x 80 cm), Klebestreifen, dicke Stifte, flüssige Farben (Wasserfarben, Acryl), halbierte Abspülschwämme, evtl. getrocknete Blätter

Der Ti-Ta-Tiger

Die Kinder sitzen auf dem Boden und die Spielleitung stellt den kurzen Spieltext vor.

Ein wilder Ti-Ta-Tiger
wohnt im fernen China.
Doch eines Tages sagt er:
Das ist mir viel zu dumm,
ich sitz den ganzen Tag nur in der Sonne rum!
Chrr, chrr!

Bei der letzten Zeile faucht sie, begleitet von Mimik und Gestik, wie eine knurriger Tiger. Anschließend machen alle Kinder sitzend mit. Sobald das Fauchen drankommt, imitieren alle den wilden Tiger. Der Spieltext wird nochmals wiederholt und zum Abschluss verwandeln sich alle in Tiger und streifen auf allen Vieren gefährlich fauchend durch den Raum.
Auf ein Stoppzeichen hin werden sie müde. Sie strecken sich, rollen sich wie eine kleine Katze ein und schlafen, bis sie von der Spielleitung durch eine sanfte Berührung an der Schulter geweckt werden. Abschließend setzen sich alle zusammen und erzählen, wie es war ein wilder Tiger zu sein.

Hinweis

Wichtig: vor dem Spiel ein akustisches Stoppzeichen (Gong/Zimbel etc.) ausmachen. Das Spiel selbst nicht zu wild einführen, denn gerade jüngere Kinder könnten sonst Angst bekommen.

Material

Sitzkissen, Gong/Zimbel o. Ä.

Der wilde Wind

Alle Kinder stehen im Kreis so weit voneinander entfernt, dass sie ihre Arme ausbreiten können. Mit dem Spruch: „1-2-3“ verwandelt die Spielleitung alle Kinder in Blumen mit tiefen Wurzeln in der Erde. Nun setzt als Symbol für den Wind Musik ein und die Spielleitung weist die Kinder an, sich sachte seitlich hin und her zu wiegen. Dann wird der Wind stärker und rüttelt und schüttelt leicht ihre Schultern und Arme aus. Mit der Zeit wird der Wind noch stärker und wilder bis der gesamte Körper bewegt wird. Wichtig dabei ist, dass die „Blumen“ ihren Platz dabei nicht verlassen, egal wie wild der Wind auch bläst! Wenn sie tüchtig durchgerüttelt worden sind, lässt die Spielleitung die Musik langsam ausklingen. Die Bewegungen der Kinder werden dabei immer ruhiger und sanfter bis endlich nur noch das Gefühl der Bewegung in ihnen zurück bleibt. Jedes Kind spürt noch im Stand seinen Wurzeln nach und setzt sich anschließend leise wie ein Blatt auf den Boden.

Im Gesprächskreis zum Abschluss geht es darum zu besprechen

- wie sich die Wurzeln angefühlt haben.
- was wohl geschehen wäre, wenn sie keine so starken Wurzeln gehabt hätten?

Wer mag, kann auch ein Bild davon malen, wie es sich angefühlt hat, als der wilde Wind es durchgerüttelt hat.

Material

„windige“ Musik und Abspielgerät, Malstifte und Malschutz für den Boden

Nein – Ja – Nein

Jedes Kind zieht eine Tiermemokarte, die es aber keinem zeigen darf. Jeweils zwei Kinder bekommen dasselbe Motiv. Ziel ist es nun, mit Fragen zum eigenen Tier das Kind mit der zweiten Karte zu finden.
Beispiel: Katze. „Hat dein Tier vier Pfoten? Macht es Miau? Hat es ein weiches Fell?“ Das befragte Kind darf nur mit Ja oder Nein antworten. Nach jeder Ja-Antwort darf noch eine Frage an dasselbe Kind gestellt werden. Bei einer Nein-Antwort sucht man sich den nächsten Partner. Wenn sich das Kind sicher ist, den richtigen Partner gefunden zu haben, darf es direkt fragen: „Bist du eine Katze?“ Wer sich gefunden hat, kann gemeinsam das Tier malen.

Material

Malstifte, Papier, Memokarten

Katz und Maus

Alle Kinder bis auf zwei stehen im Kreis und geben sich die Hände. Das eine Kind startet als Maus, das andere als Katze. Die „Maus“ schlüpft in den Kreis, die „Katze“ steht außerhalb und darf den Kreis noch nicht betreten. Jetzt beginnt die Katze mit dem Spruch: „Mäuslein, Mäuslein komm heraus!“ Die Maus antwortet: „Nein, ich mag nicht!“ Katze: „Dann kratz ich dir die Augen aus!“ Maus: „Dann springe ich zum Loch hinaus!“ Damit ist die Jagd eröffnet.
Die Katze versucht in den Kreis zu kommen, darf aber erst hinein, wenn zwei Kinder freiwillig entweder die Hände öffnen oder sie zu einem Bogen hochheben. Natürlich möchte dann die Maus schnell aus dem Kreis raus. Und wieder liegt es an den Mitspielern, ob sie ihr einen Durchschlupf öffnen oder ob sie sich durchsetzten kann, um durch ein Loch zu kommen. Wenn eines gefunden ist, schlüpft sie raus, rennt um die Gruppe herum bis zur noch immer geöffneten Katzenpforte, schlüpft wieder hinein und nun erst wird die Pforte verschlossen, die Maus ist in Sicherheit. Wenn die Katze die Maus nicht erwischt hat, wird sie selbst zur Maus.

Hinweis

Dieses Spiel ist sehr emotional und braucht einen ruhigen Ausklang z. B. einen Erfahrungsaustausch oder alle Kinder werden kleine Mäuschen oder Katzen, die sich im Nest zusammenkuscheln.

Spiele zur Harmonisierung und Stressbewältigung

Synchrones Zeichnen

Die Spielleitung befestigt an der Wand in Schulterhöhe der Kinder einen langen Packpapierstreifen zum Malen. Jedes Kind bekommt zwei Stifte, für jede Hand einen. Die Kinder stellen sich mit genügend Abstand zum nächsten Kind und nicht zu dicht vor die Malfläche auf. So können sie mit beiden Augen gleichzeitig sehen, was sie zeichnen werden. Sobald die Musik einsetzt, beginnen sie mit beiden Händen synchron zur Musik zu zeichnen. Dabei entstehen symmetrische Fantasiefiguren, die Spaß machen. Gleichzeitig entspannen beide Gehirnhälften und deren Vernetzung wird angeregt.

Material

Packpapier, dicke Farbstifte (keine Filzstifte!), Klebestreifen

Schuhplattln

Alle Kinder stehen so im Raum, dass sie die Spielleitung gut sehen können. Zur Einführung stellt die Spielleitung den Kindern diesen Grundablauf mit langsamen und klaren Bewegungen einmal vor.

- in beide Hände klatschen
- rechte Hand aufs linke Knie patschen
- linke Hand aufs rechte Knie patschen
- in beide Hände klatschen

Anschließend machen alle mit. Der Tanz wird ca. 3-5 Minuten immer wieder wiederholt. Zuerst am Platz und sobald sie darin geübter sind, können sie mit ihm in freier Wahl experimentieren, vorwärts, rückwärts, seitlich oder im Stand.

Hinweis

Die Kinder sehen alle Bewegungen seitenverkehrt, deshalb alle Bewegungsabläufe langsam einführen. Wichtig ist, dass die Arme stets über die Körpermittellinie zum Bein oder Knie hingeführt werden.

Ich habe mir weh getan

Für dieses symbolische Trostspiel weist die Spielleitung die Kinder an, sich einen Partner zu wählen und sich ihm gegenüber zu setzen. Das eine Kind fragt: „Wo tut es dir denn weh?“ Das andere sagt z. B.: „An dieser Hand“, und legt dabei seine „schmerzende“ Hand in die Hand des Gegenübers. Dieser streichelt und tröstet es mit folgendem Spruch:

Heile, heile Gänschen,
das Kätzchen hat ein Schwänzchen.
Die Kinder haben alle Mut,
in hundert Jahrn ist alles gut!

Anschließend wird die zweite Hand „getröstet“ und danach die Rollen getauscht. In der Abschlussrunde erzählen die Kinder, was sie beim Getröstet werden schön gefunden haben.

➾ Getröstet werden und trösten stärkt bei beiden das Gefühl von Vertrauen in die Freundlichkeit und Hilfsbereitschaft der anderen.

Jonglierbälle

Jonglieren macht Spaß, vor allem mit selbstgebastelten Bällen. Für jeden fertigen Ball werden zwei Luftballons benötigt. Zunächst suchen sich die Kinder ihre Farben aus, dann wird der eine Ballon gemeinsam mit der Spielleitung mit Reiskörnern befüllt. Wenn er groß genug ist, so dass er gut in die Kinderhand passt, wird er fest zugeknotet. Nun wird vom zweiten Luftballon der „Hals" möglichst nahe beim Übergang zur Ballonform abgeschnitten und die leere Ballonhülle so über den Ball gezogen, dass der Knoten dabei überdeckt wird und der Ball richtig rund wird. Mit den fertigen Bällen kann nun gespielt und experimentiert werden.

Material

pro Kind 4 bis 6 normale runde Luftballons, (Rundkorn-) Reis und einen Trichter zum Befüllen

➺ Jonglieren bietet die Möglichkeit aktiv zu entspannen. Es stärkt das Selbstwertgefühl, Koordination, Konzentration und Frustrationstoleranz, sowie die Hand- und Fingermuskulatur. Alles gemeinsam wirkt sich tonusregulierend auf den Körper aus.

Füße wecken

Alle Kinder stehen barfuß im Kreis. Die Spielleitung leitet die Kinder an, zu ihren Füße zu hinzuspüren. „Wie fühlen sich deine Füße jetzt? Stehen sie fest auf dem Boden oder fühlen sie sich wackelig?“

Nach einem Moment des Nachspürens holt sich jedes Kind einen Ball von der Spielleitung, kehrt an seinen Platz zurück und legt ihn unter die rechte Fußsohle. Nun rollert es den Fuß über den Ball von der Ferse bis zu den Zehenspitzen mehrmals langsam vor und zurück. Jetzt den rechten Fuß zurück auf den Boden stellen, nachspüren und zum linken Fuß wechseln.

Abschließend wird nochmals in die Füße, Knie und Beine gespürt. Im Abschlusskreis darf dann erzählt werden, was sich verändert hat und wie sich die Füße nun fühlen.

Material

Tennisbälle oder Igelbälle

➳ Das Spiel sollte möglichst in Stille ablaufen, um so die Selbstwahrnehmung zu vertiefen.

Der Ene-Zwele-Drelefant

Alle Kinder stehen im Kreis und stellen sich vor, wie es wäre ein großer starker Elefant zu sein. Dann stellt die Spielleitung den Spieltext vor und begleitet ihn gleichzeitig mit abwechselndem Händeklatschen und Patschen auf die Oberschenkel. In der zweiten Runde setzen die Kinder mit ein. Abschließend wird in der Runde darüber fantasiert, was wohl in dem Ei drin sein könnte. Die Antworten der Kinder dazu spiegeln oft ihre tieferen Wünsche, Frustrationen oder Ängste wider und können so ein Kanal sein um sie auszudrücken. Die Vorstellungen der Kinder dazu können auch mit Farbe und Papier umgesetzt werden.

Ein Ene-Zwele-Drelefant marschierte durch den Wüstensand.

(abwechselnd klatschen und patschen)

Da fand der Elefant im Sand ...

(kurze Pause, Hand an die Stirn legen und suchend nach rechts und links schauen)

- ein Ei. Hei!

(beide Hände über dem Kopf zusammenklatschen)

Wie ein Schmetterling

Die Kinder sitzen mit der Spielleitung im Kreis. Diese stellt ihnen das Fingerspiel zunächst vor:

Wie ein Schmetterling im Wind
fliegt meine rechte Hand geschwind.
Schau mal her, was ich schon kann,
nun fangen wir von vorne an.

Die Bewegung beginnt mit der rechten Hand. Die Hand hebt sich und bewegt sich wie ein taumelnder Schmetterling aus dem lockeren Handgelenk heraus auf und nieder, vor und zurück und hin und her drehend. Zum Abschluss wird die Hand zurück auf den Oberschenkel abgelegt. Bei der Wiederholung des Verses kommt die linke Hand dran, danach holt die linke Hand die rechte ab und beide fliegen als Schmetterlinge lustig und frei durch die Lüfte. Im weiteren Ablauf kann der Schmetterlingsflug summend mit einer Melodie begleitet werden.

Zum Abschluss erzählt die Spielleitung, dass die beiden Schmetterlinge nun müde geworden sind und sich auf einer Blüte in der Sonne ausruhen wollen.

Die Eisenbahn

Jedes Kind sucht sich frei im Raum seinen Platz und setzt sich locker aufgerichtet auf den Boden. Jedes sollte eine Armlänge Abstand zum nächsten Kind zu haben. Die Spielleitung beginnt die kurze Geschichte von Max und Martin zu erzählen und macht dazu die Bewegungen der liegenden Acht.
Max und Martin sind Zwillinge und wollen heute mit der Eisenbahn im Museum fahren. Max ist der mutigere und steigt als erster in die Bahn ein (rechten Arm in Brusthöhe nach vorne (Ellbogen durchgestreckt) und zur Körpermitte (=Bahnhof)).
Max fährt die erste Runde (Bahngleis in Form der liegenden Acht) alleine (durchgestreckten rechten Arm auf der Kreisbahn nach rechts oben führen, weiter nach außen und runter und zurück zur Mitte und ohne Pause über den Bahnhof rüber. Weiter nach links oben und nach außen und runter und zurück zur Mitte (Bahnhof)). Nun traut sich auch Martin einzusteigen (linken Arm vor dem Körper ausstrecken und beide Hände vor der Körpermitte zusammenführen. Die Finger beider Hände in einander falten und gemeinsam einige Male die liegende Acht in die Luft malen).
Anschließend machen alle Kinder mit. Dazu wird der Spielvers gesprochen.

Alles einsteigen!
Tsch, tsch tsch, die Eisenbahn,
tsch, tsch, wer will mit mir fahrn.
Alleine fahren mag ich nicht,
da nehme ich mir den Martin mit.

(Beim zweiten Durchgang:)
... da nehm ich mir alle Kinder mit.

Wichtig: Die Augen begleiten die Bewegungen der Hände und die Ellbogen bleiben gestreckt. Der Bewegungsablauf geht immer von der Körpermitte, dem „Bahnhof“ aus. Abschließend werden die Arme ausgeschüttelt oder abgeklopft.

Variation

Anschließend zeichnen die Kinder die liegende Acht (Bahngleis) frei auf ein großes Stück Papier.

Handmassage

In der Mitte der Handinnenfläche befindet sich ein wichtiger Meridianpunkt. Die Spielleitung lässt die Kinder einen Partner für die Handmassage auswählen und weist sie in den Ablauf ein, sobald sich beide gegenübersitzen. Eines beginnt und legt nun seine rechte Hand mit der Handfläche nach oben in die linke Hand des Partnerkindes (bei Linkshändern in die rechte). Dieses kreist nun mit dem Daumen zuerst sachte um den Energiepunkt. Und massiert dann, von ihm ausgehend, die gesamte Hand mit langsamen, festen und streichenden Bewegungen. Abschließend wird jeder Finger einzeln vom Handteller aus bis hin zur Fingerspitze abgestreift. Dann wird gewechselt.

➳ Die Handmassage beruhigt und entspannt die Kinder sehr, sowohl als gebendes als auch als empfangendes Kind, und unterstützt sie darin sich selbst besser wahrzunehmen sowie Achtsamkeit und Vertrauen zum Partner zu entwickeln.

Töne spüren

Die Spielleitung teilt die Kinder in zwei Gruppen ein. Die erste Gruppe legt sich rücklings auf den Boden, die Partnergruppe setzt sich seitlich neben je ein Kind. Die Spielleitung stimmt einen Vokal an, z. B. A, und lässt ihn lange tönen. Die liegenden Kinder stimmen in den Vokal ein: Aaaaa. Die Partnerkinder sollen mit ihren Händen auf dem Körper der Liegenden spüren, bis wohin der Ton vibriert – Brust, Bauch, Beine, Kopf? Dann kommt der nächste Vokal zum Vergleich. Wie viele Vokale in einer Spielrunde eingesetzt werden, entscheidet die Spielleitung. Anschließend wird getauscht. Am Ende werden die Erfahrungen sitzend im Kreis besprochen.

➳ Eine Partnerübung, bei der die Kinder zum einen lernen, den anderen wahrzunehmen und sich auf ihn einzustellen und gleichzeitig können sie durch das Tönen selbst ruhiger werden.

Variation

Die Kinder malen ihre Erfahrungen mit Wasserfarben frei auf ein großes Blatt Papier. Wer mag, kann erzählen was er dabei gedacht/gefühlt hat.

ISBN 978-3-7698-2521-3

ISBN 978-3-7698-2509-1

ISBN 978-3-7698-2510-7

ISBN 978-3-7698-2503-9

ISBN 978-3-7698-2498-8

ISBN 978-3-7698-2497-1

ISBN 978-3-7698-2466-7

ISBN 978-3-7698-2465-0

ISBN 978-3-7698-2449-0

ISBN 978-3-7698-2450-6

ISBN 978-3-7698-2397-4

ISBN 978-3-7698-2398-1

ISBN 978-3-7698-2291-5

ISBN 978-3-7698-2400-1

ISBN 978-3-7698-2374-5

ISBN 978-3-7698-2376-9

ISBN 978-3-7698-2375-2

ISBN 978-3-7698-2356-1